目　次

社長・資産家・サラリーマンの税金は、こう変わる（個人）

JN090859

中堅・中小企業の税金は、こう変わる（法人）

納税環境は、こう変わる（法人・個人）

● 2023（令和5）年度　税制改正適用時期早見表 ●

社長・資産家・サラリーマンの税金は、こう変わる（個人）

所 得 税 等 は こ う な る

～ 所得税・個人住民税 ～

❶ NISAの拡充・恒久化

【減税】

■改正の目的

「資産所得倍増プラン」の実現に向け「貯蓄から投資へ」の流れを加速し、中間層を中心とする層が幅広く資本市場に参加することを通じて成長の果実を享受できる環境を整備することを目的としています。

（1）改正の内容

NISAについて、下記の措置が講じられたうえ恒久化され、非課税期間は無期限となりました。

① 「つみたてNISA」と「一般NISA」が廃止され、新たに「つみたて投資枠」（年間投資枠120万円）と「成長投資枠」（年間投資枠240万円）が設けられました。

② 非課税保有限度額が1,800万円（うち、成長投資枠1,200万円）に増額されることになりました。

項　目	改正前		改正後（新NISA）	
	つみたてNISA	一般NISA	つみたて投資枠	成長投資枠
年間投資枠	400万円	120万円	120万円	240万円
	上記のいずれかを選択		上記の併用可能（最大360万円）	
非課税保有期間	20年間	5年間	無期限化	
非課税保有限度額	800万円	600万円	1,800万円	
				（うち成長投資枠1,200万円）
口座開設期間	2024年まで	2028年まで	2024年1月1日から（恒久化）	
投資対象商品	長期・積立・分散投資に適した一定の投資信託 ＊金融庁への届出が必要	上場株式・ETF・公募投資信託・REIT等	積立・分散投資に適した一定の投資信託（現行の「つみたてNISA」対象商品と同じ）	上場株式・投資信託等
適用対象年齢	18歳以上		18歳以上	

（2）実施時期

　この改正は、2024年1月1日から適用開始となりますが、現行のNISA制度は**（3）**の取扱いとなりますので注意が必要です。

（3）実務家の注意すべき点

① 「ジュニアNISA」は、2023年12月末で終了します。

② 2023年12月末までに、現行の「一般NISA」及び「つみたてNISA」制度において投資した商品は、新しい制度の外枠で、現行制度における非課税措置が適用されます。

2 **特定中小会社が設立の際に発行した株式取得に要した金額の控除等の特例の創設**

【減税】

■改正の目的

　スタートアップ（＊）は社会的課題を成長のエンジンに転換し持続可能な経済社会を実現する可能性を秘めています。そうした中、株式譲渡で得た利益をスタートアップに投資した場合の優遇措置を設けることにより、創業数と創業規模の両面でわが国のスタートアップ企業の成長を促すことを目的としています。

（1）改正の内容

① 投資段階での優遇措置

　スタートアップ企業の設立の日の属する年において「特定株式（＊）」を払込みにより取得をした居住者等（注1）については、その取得をした年分の一般株式等に係る譲渡所得等の金額又は上場株式等に係る譲渡所得等の金額からその特定株式の取得に要した金額の合計額（注2）を控除する特例が新設されました。

（注1）　当該株式会社の発起人及び当該株式会社に自らが営んでいた事業の全部を承継させた個人等に該当しないこと。その他の要件をみたすものに限ります。

（注2）　当該一般株式等及び上場株式等に係る譲渡所得等の金額の合計額を限度とします。

用語の説明

＊**「スタートアップ」**とは、イノベーションや新たなビジネスモデルを構築し、短期間で急成長を目指す起業家やその動きを表す言葉です。

＊次に掲げる要件を満たす株式会社がスタートアップ企業設立のために発行する株式のことを**「特定株式」**といいます。

イ．その設立の日以後の期間が1年未満の中小企業者であること。

ロ．販売費及び一般管理費の出資金額に対する割合が100分の30を超えることその他の要件を満たすこと。

ハ．特定の株主グループの有する株式の総数が発行済株式の総数の100分の99を超える会社でないこと。

ニ．金融商品取引所に上場されている株式等の発行者である会社でないこと。

ホ．発行済株式の総数の2分の1を超える数の株式が一の大規模法人及び当該大規模法人と特殊の関係のある法人の所有に属している会社又は発行済株式の総数の3分の2以上が大規模法人及び当該大規模法人と特殊の関係のある法人の所有に属している会社でないこと。

ヘ．風俗営業又は性風俗関連特殊営業に該当する事業を行う会社でないこと。

　特定中小会社が発行した株式の取得に要した金額の控除等（エンジェル税制）及び特定新規中小会社が発行した株式を取得した場合の課税の特例（エンジェル税制寄附金控除）と選択して適用できることとされます。

② 譲渡段階での優遇措置

　また、特定中小会社が発行した株式に係る譲渡損は他の株式の譲渡益との損益通算及び控除しきれなかった損失額は譲渡損失の3年間の繰越控除等の適用対象とされます。

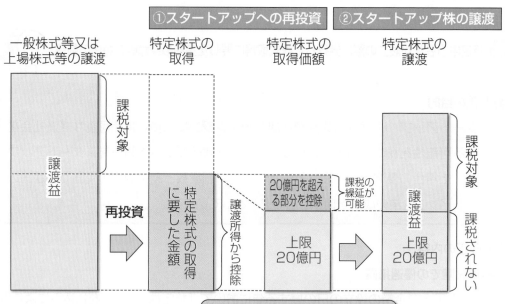

（2）実施時期

　この改正は、2023年4月1日以後のスタートアップへの再投資（創業等）について適用されます。

（3）実務家の注意すべき点

　中小企業等経営強化法施行規則の改正が前提とされていますので、当該施行規則の改正内容（自己資金による創業やプレシード期・スタートアップ期の投資要件等）を確認する必要があります。

③ エンジェル税制の見直し

【簡素化】

■改正の目的

　我が国のスタートアップ・エコシステムは、人材・事業・資金の各面で課題があり、さらにそれぞれの課題が相互に絡み合い、好循環が生まれていない状況にある。このうち、資金面について、連続起業家の創出やエンジェル投資家等の個人のリスクマネーによるスタートアップへの投資を強化し、スタートアップ・エコシステムに循環させることを目的としています。

用語の説明

　＊「**スタートアップ・エコシステム**」とは、大企業や大学の研究機関、公的機関などがネットワークを作り、スタートアップを生み出しながら発展していくシステムのことです。自然が循環していく生態系に似ていることからこう呼ばれています。
　「**スタートアップ**」については、前記2を参照。

（1）改正の内容

　エンジェル税制については、下記①及び②の見直しが行われました。

① 特定中小会社が発行した株式の取得に要した金額の控除等及び譲渡損失の繰越控除等

	改正前	改正後
対象株式の譲渡時の取得価額の調整計算	次の算式により計算します。 **A－B** A．特定株式の取得に要した金額 B．特定株式の取得に要した金額をその取得した年中の一般株式等に係る譲渡所得等の金額又は上場株式等に係る譲渡所得等の金額から控除した金額	次の算式により計算します。 **A－（B－C又はDのいずれか低い金額）** A．特定株式の取得に要した金額 B．特定株式の取得に要した金額をその取得した年中の一般株式等に係る譲渡所得等の金額又は上場株式等に係る譲渡所得等の金額から控除した金額 C．特定株式の取得に要した金額の合計額 D．その取得をした年分の一般株式等に係る譲渡所得等の金額及び上場株式等に係る譲渡所得等の金額の合計額（20億円を超える場合には20億円）
外部資本要件	特定新規中小企業者の特定の株主グループの有する株式の総数が発行済株式の総数の<u>6分の5</u>を超える会社でないこと。	特定新規中小企業者の特定の株主グループの有する株式の総数が発行済株式の総数の<u>20分の19</u>を超える会社でないこと。
都道府県知事へ提出する添付書類	・株式の発行を決議した株主総会の議事録の写し、取締役の決定があったことを証する書面又は取締役会の議事録の写し ・個人が取得した株式の引受けの申込又はその総数の引受を行う契約を証する書面	・左記に掲げる書類については、<u>添付を要しない</u>こととされました。

② 特定新規中小会社が発行した株式を取得した場合の課税の特例（寄附金控除）

	改正前	改正後
外部資本要件	特定新規中小企業者の特定の株主グループの有する株式の総数が発行済株式の総数の6分の5を超える会社でないこと。	特定新規中小企業者の特定の株主グループの有する株式の総数が発行済株式の総数の20分の19を超える会社でないこと。
都道府県知事へ提出する添付書類	上記①と同様の書類の他、下記の書類 ・設立の日における貸借対照表 ・税理士が署名した法人税の確定申告書に添付された別表一の写し及び事業等の概況に関する書類の写し	・左記に掲げる書類については、添付を要しないこととする。

（2）実施時期

　この改正は、2023年4月1日以後に居住者等が払込みにより取得した控除対象特定株式の取得価額の計算方法等について適用されます。

（3）実務家の注意すべき点

　エンジェル税制を適用した株式の譲渡所得計算について取得費の調整計算が必要となるため取得時の申告内容について確認をしなければなりません。

4 ストックオプション税制の権利行使期間の延長

【課税繰延】

■改正の目的

　スタートアップにおいてストックオプションが有効な人材確保手段の一つとして普及する中、ストックオプションの利便性等を更に向上させ、スタートアップのグローバルな人材獲得競争力を高め、日本におけるスタートアップ・エコシステムの構築及び経済成長へつなげることを目的としています。

（1）改正の内容

　特定の取締役等が受ける新株予約権の行使による株式の取得に係る経済的利益の非課税等（ストックオプション税制）について、適用対象となる新株予約権に係る契約の要件のうち当該新株予約権の行使はその付与決議の日後2年を経過した日から10年を経過する日までの間に行うこととの要件を、一定の株式会社が付与する新株予約権については、当該新株予約権の行使はその付与決議の日後2年を経過した日から15年を経過する日までの間に行うこととされることになります。

原　則	付与決議の日後２年を経過した日から１０年を経過する日までの間に行うことが要件。
特　例 ※今回の改正内容	一定の株式会社は、付与決議の日後２年を経過した日から15年を経過する日までの間に行うことが要件。 権利行使の期間を延ばすことができるため、会社の成長に伴う株価上昇後に権利行使が可能となり、メリットが期待できる。

　なお、「一定の株式会社」とは、設立の日以後の期間が５年未満の株式会社で、金融商品取引所に上場されている株式等の発行者である会社以外の会社であること、その他の要件を満たすものをいいます。

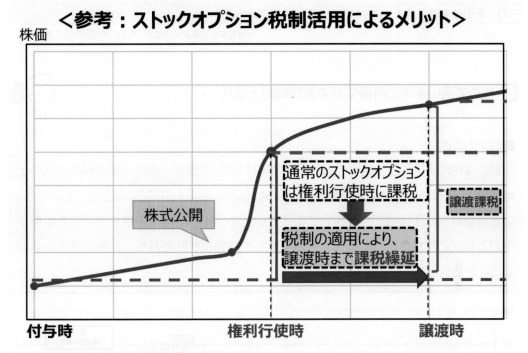

（経済産業省　2019年8月9日「社外高度人材に対するストックオプション税制の適用拡大」）

（2）適用時期

　この改正は、2024年４月１日以後の新株予約権付与決議に係る株式の取得について適用されます。

（3）実務家の注意すべき点

　ストックオプション税制は、権利行使時における経済的利益（取得株式の時価と権利行使価額との差額）に対する課税を株式売却時まで繰り延べる制度で、株式を譲渡したときに売却対価等権利行使価額との差額を譲渡所得としてまとめて課税するものです。

　なお、現行の税制適格ストックオプションの適用要件は、次のとおりとなっています。

■ 現行の税制適格ストックオプションの適用要件

１．付与対象者の範囲	自社及び子会社（50％超）の取締役、執行役及び使用人(ただし、大口株主及びその特別関係者、配偶者を除く)及び一定の要件を満たす社外高度人材
２．所有株式数	発行済み株式の1/3を超えない
３．権利行使期間	付与決議日の２年後から10年後まで
４．権利行使価額	権利行使価額が契約締結時の時価以上
５．権利行使限度額	権利行使価額の合計額が年間で1,200万円を超えない
６．譲渡制限	他人への譲渡禁止
７．発行形態	無償であること
８．株式の交付	会社法に反しないこと
９．保管・管理など契約	証券会社等と契約していること
10．その他事務手続き	法定調書、権利者の書面等の提出

（経済産業省経済産業政策局「令和５年度税制改正要望事項」）

❺ 極めて高い水準の所得に対する課税の上乗せ

【増税】

■改正の目的

　総合課税の所得税と住民税の合計最高税率は55％ですが、申告分離課税の株式や土地・建物の売却益の所得税（15％）は住民税（5％）と合わせて20％となっています。

　富裕層は金融所得の割合が相対的に大きいため、年間所得１億円を境に税負担率が下がる状況となり、いわゆる「１億円の壁」が問題視されており、負担の適正化を図ることを目的としています。

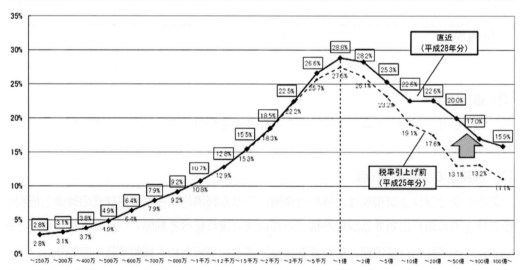

（備考）各年分の国税庁「申告所得税標本調査（税務統計から見た申告所得税の実態）」より作成。　　　（合計所得金額：円）
（注）所得金額があっても申告納税額のない者（例えば還付申告書を提出した者）は含まれていない。
　　　また、源泉分離課税の利子所得、申告不要を選択した配当所得及び源泉徴収口座で処理された株式等譲渡所得で申告不要を選択したものも含まれていない。　　　（内閣府 第19回税制調査会 財務省説明資料（個人所得課税））

(1) 改正の内容

　その年分の基準所得金額から3億3,000万円を控除した金額に22.5%の税率を乗じた金額がその年分の基準所得税額を超える場合には、その超える金額に相当する所得税が課税されます。

　下記**イの金額**が**ロの金額**を超える場合に限り、その超える部分の金額に所得税が課税されることになります。

■ イの金額がロの金額を超える場合（イの金額＞ロの金額）

イ	その年分の所得税について、申告不要制度を適用しないで計算した合計所得金額（基準所得金額）から、3億3,000万円を控除した金額に対して、22.5%の税率を適用した金額
ロ	基準所得金額に対して、通常の税率を適用した金額（基準所得税額）

【イメージ図】

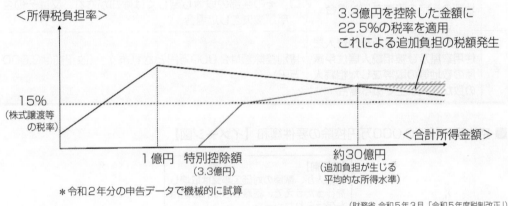

3.3億円を控除した金額に22.5%の税率を適用
これによる追加負担の税額発生

＜所得税負担率＞

15%
（株式譲渡等の税率）

1億円　特別控除額
（3.3億円）

約30億円
（追加負担が生じる平均的な所得水準）

＜合計所得金額＞

＊令和2年分の申告データで機械的に試算

（財務省 令和5年3月「令和5年度税制改正」）

(2) 適用時期

　この改正は、2025年分以後の所得税について適用されます。

(3) 実務家の注意すべき点

① 　上記の申告不要制度には、確定申告を要しない配当所得等の特例、確定申告を要しない上場株式等の譲渡による所得の特例が該当します。

② 　上記の合計所得金額には、源泉分離課税の対象となる所得金額を含まない（NISA等の非課税とされる金額も含みません。）こととされ、また、政策的な観点から設けられている特別控除適用後の金額となります。

③ 　約30億円の合計所得金額を超えるあたりから、追加の負担が生じることとなります。

❻ 空き家の3,000万円控除の要件緩和

【減税・延長】

■改正の目的

空き家の発生を抑制し、地域の適正な居住環境を確保することを目的としています。

（1）改正の内容

空き家に係る譲渡所得の3,000万円控除の特例について、次表の①及び②の措置を講じた上、その適用期限が4年延長されました。

①	適用対象となる相続人が相続若しくは遺贈により取得した被相続人居住用家屋の一定の譲渡又はその被相続人居住用家屋の敷地等の一定の譲渡をした場合	その家屋がその譲渡の時から翌年2月15日までの間に、次のイ又はロに該当することとなったときは、本特例を適用することができることとなります。 イ　耐震基準に適合することとなった場合 ロ　その全部の取壊し若しくは除却がされ、又はその全部が滅失をした場合
②	相続又は遺贈による被相続人居住用家屋及び被相続人居住用家屋の敷地等の取得をした相続人の数が3人以上である場合	特別控除額は2,000万円とされます。（改正前は3,000万円）

■ 空き家の譲渡3,000万円控除の要件緩和【イメージ図】

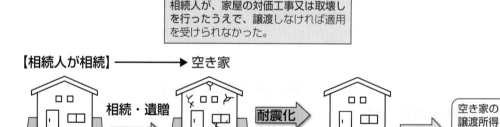

（2）実施時期

　この改正は、2024年1月1日から2027年12月31日までの間に行われる被相続人居住用家屋又は被相続人居住用家屋の敷地等の譲渡について適用されます。

（3）実務家の注意すべき点

　相続若しくは遺贈により取得した被相続人居住用家屋の耐震工事やその取壊しは、譲渡した日の属する年の翌年2月15日までに買主側が行った場合も、本特例の適用ができることとなります。

　改正前は、3人で相続して売却しても「3,000万円×3人＝9,000万円」が控除できていたものが、改正後は、「2,000万円×3人＝6,000万円」の控除となります。

相続税・贈与税はこうなる

❶ 相続時精算課税制度の見直し

【減税】

■改正の目的

　資産の再分配機能の確保を図りつつ、資産の早期の世代間移転を促進する観点から、生前贈与でも相続でもニーズに即した資産移転が行われるよう、資産移転の時期の選択により中立的な税制を構築していくことを目的としています。

（1）改正の内容

　相続時精算課税制度について、下記の見直しが行われました。

①	基礎控除の特例の創設	贈与について相続時精算課税制度を選択適用した場合、その年分の贈与税については、現行の暦年課税による贈与税の基礎控除とは別途、課税価格から基礎控除110万円を控除できることになりました。 相続税の課税価格に加算される財産の価額は、贈与財産の価額から上記の基礎控除額を控除した後の金額とされることになりました。
②	災害により被害を受けた場合の救済措置（評価減）の創設	相続時精算課税制度の適用を受けて贈与により取得した一定の土地又は建物が、相続税申告書の提出期限までの間に災害によって一定の被害を受けた場合、相続税の課税価格に加算される価額について、贈与時の価額から災害によって被害を受けた部分に相当する額を控除できることになりました。

■ 相続時精算課税制度の改正のポイント

項　目	改正前	改正後
贈与税額の計算	《贈与者ごとに計算》 （贈与額－2,500万円*1）×一律20%	《贈与者ごとに計算》 {（贈与額－110万円*2）－2,500万円}×一律20%
贈与税の申告	贈与のあった年毎に申告 —	同左 ただし、贈与額が年110万円以下の場合は、不要
相続時の財産評価	贈与時の時価 —	同左 ただし、土地・建物が災害により一定の被害を受けた場合は、再計算

※1：特別控除は、通算2,500万円に達するまで複数年にわたり控除できる。
※2：今回、創設された基礎控除は毎年110万円まで控除できる。相続時の持ち戻し課税なし。

（2）実施時期

　この改正は、2024年1月1日以降の贈与により取得する財産に係る相続税又は贈与税について適用されます。

（3）実務家の注意すべき点

　暦年課税では、年110万円以内の贈与であっても、加算期間内の贈与は、相続財産に加算されるのに対し、相続時精算課税制度では年110万円以内の贈与であれば、相続財産に加算されないため、基礎控除を利用した相続税対策で相続時精算課税制度を選択しやすくなります。

　贈与財産が、災害により被害を受けた場合における再計算の適用条件の「一定の被害」の判断基準が不明瞭である点に注意が必要です。

❷ 相続開始前贈与の相続税課税価格への加算期間等の見直し《暦年贈与》
【増税】

■改正の目的

　資産の移転方法やその金額にかかわらず、移転資産の総額に係る税負担が一定となる税制を目指すことを目的としています。

（1）改正の内容

　暦年課税適用者に相続開始前に贈与があった場合の相続税の課税価格への加算期間等について、下記の見直しが行われました。

① 相続前に受けた贈与につき、相続財産に加算される対象期間の延長	相続又は遺贈により被相続人から財産を取得した者が、相続の開始前7年以内（改正前：3年以内）に、被相続人から贈与により財産を取得した場合には、その贈与財産の価額が相続税の課税価格に加算されることになりました。
② 延長した4年間に受けた贈与に対する措置	過去に受けた贈与の記録・管理に係る事務負担を軽減する観点から、延長した4年間（相続開始前3年超7年以下）に受けた贈与については、全期間を合計して100万円までは相続財産に加算されない措置がとられることになりました。 なお、贈与者が2人以上いる場合の延長4年分の100万円控除は、合計額が100万円なので、人数分で按分計算することになります。

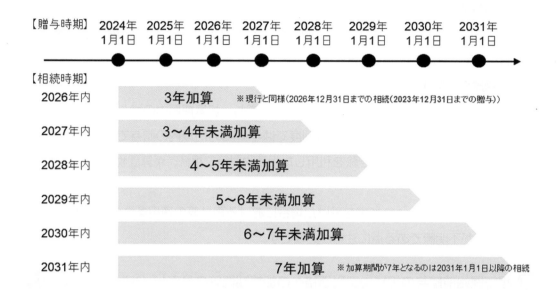

（2）実施時期

　この改正は、2024年1月1日以後に贈与により取得する財産に係る相続税について適用されます。

（3）実務家の注意すべき点

　相続財産に加算される対象期間が、3年以内から7年以内になったことで、実質的には増税となります。

　持ち戻しの対象者は、当該被相続人から「相続又は遺贈により財産を取得した者」であることから、現行においても法定相続人ではない「孫」や「子の配偶者」などが受けていた生前贈与財産は、持ち戻しにはならず、今後も法定相続人でない「孫」や「子の配偶者」などへの生前贈与は、効果的な節税対策として活用することが可能です。

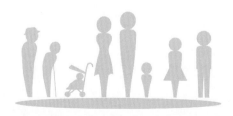

❸ 教育資金の一括贈与の非課税措置の見直し 【増税】

■改正の目的

　祖父母世代である高齢者層に偏重している「眠れる金融資産」の若年層への世代間移転を促し、経済の活性化の寄与を推進することを目的としています。

（1）改正の内容

　直系尊属から教育資金の一括贈与を受けた場合の贈与税の非課税措置について、下記の措置を講じた上で、適用期限が2026年3月31日まで3年延長されることになりました。

① 贈与者死亡時における相続税の課税対象の拡大

改正前		改正後
贈与者が死亡した時点においてその贈与資金の残額がある場合、その残額が相続税の課税対象となりますが、受贈者が下記のいずれかに該当する場合は対象外となります。 ア．23歳未満である場合 イ．学校等に在学している場合 ウ．教育訓練給付金の支給対象となる教育訓練を受講している場合		左記について、贈与者の死亡に係る、相続税の課税価格が5億円を超えるときは、その残額が相続税の課税対象となります。

② 教育資金契約終了時の贈与税は一般税率を適用

改正前		改正後
受贈者が30歳に達した等により教育資金契約が終了した場合に、その贈与資金に残額がある場合には、その残額が贈与税の課税対象となります。 上記贈与税の計算として、受贈者の年齢が18歳以上の場合は「特例税率」、18歳未満の場合は「一般税率」を適用します。		左記について、年齢に関係なく「一般税率」が適用されることになります。

（2）　実施時期

　この改正は、2023年4月1日以後の贈与に係る贈与税について適用されます。

（3）　実務家の注意すべき点

　受贈者の教育資金の一括贈与の契約期間中に相続が発生した場合で、当該贈与資金に残額があり、贈与者の死亡に係る相続税の課税価格の合計額が5億円を超えることになる場合には、相続税が課税されることになったため、2023年4月1日以降に、当該措置の適用を考えられておられる方々は、贈与者の資産状況を事前に把握しておくことが重要です。

④ 結婚・子育て資金の一括贈与の非課税措置の見直し

【増税】

■改正の目的

　高齢者が有する家計金融資産を、早期に、より消費意欲が旺盛な若年世代へ移転することによって経済活性化を図るとともに、子や孫の結婚・出産・育児を後押しすることを目的としています。

（1）改正の内容

　直系尊属から結婚・子育て資金の一括贈与を受けた場合の贈与税の非課税措置について、下記の措置を講じた上で、適用期限が2年間（2025年3月31日まで）延長されました。

改正前		改正後
受贈者が50歳に達した等により非課税拠出額から結婚・子育て資金支出額を控除した残額に贈与税が課される場合、その際の贈与税の計算として、「特例税率」が適用されます。		左記について、「一般税率」が適用されることになります。

（2）　実施時期

　この改正は、2023年4月1日以後の贈与に係る贈与税について適用されます。

（3）　実務家の注意すべき点

　受贈者が50歳に達した場合等により結婚・子育て資金管理契約が終了した時の贈与税課税については、通常の贈与では「特例税率」を使用して贈与税を計算する人でも、「一般税率」を使用して贈与税を計算する必要があります。

❺　一部の相続人から更正の請求があった場合の他の相続人に係る除斥期間の見直し 【増税】

■改正の目的

　一部の相続人から更正の請求があった場合に、更正の請求をした相続人の相続財産が減少したときに、他の相続人の相続財産が増加しても除斥期間を経過したために課税が行われない不具合を是正することを目的としています。

用語の説明　・相続税の更正決定等の除斥期間については、法定申告期限から5年を経過する日までとされています（国税通則法70条1項）。ただし、除斥期間が満了する日前6月以内に、相続人から更正の請求があった場合には、その相続人に係る更正又はその更正に伴って行われる加算税の賦課決定の除斥期間については、その更正の請求があった日から6月を経過する日まで延長されます（国税通則法70条3項）。

（1）改正の内容

　相続税の除斥期間について、下記の見直しが行われました。

改正前	改正後
除斥期間満了前6か月以内に相続人から相続税の更正の請求がされた場合、その更正の請求をした相続人に対しては請求があった日から6か月を経過する日まで除斥期間が延長されますが、その相続人以外の他の相続人についての除斥期間は延長できません。	除斥期間満了前6か月以内に相続人から相続税の更正の請求がされた場合において、その請求に係る更正に伴い他の相続人に係る課税価格や税額に異動を生ずるときは、その他の相続人の相続税に係る更正決定又はその更正決定等に伴う加算税の賦課決定についても、その請求があった日から6か月を経過する日まで延長することができることとされました。

（2）　実施時期

　この改正は、2023年4月1日以後に申告書の提出期限が到来する相続税について適用されます。

（3）　実務家の注意すべき点

　例えば、期限内申告において相続人Aを生命保険金受取人として申告していたが、実際に保険金受取人として指定されていたのは相続人Bであった場合、法定申告期限から5年を経過する直前に相続人Aから更正の請求がなされたといったケースでは、税務署の事務処理が間に合わず、相続人Bに対して更正決定等が行われず、結果的に、相続人Bについては過少な税額となってしまうということがあり得ましたが、今後は、そのようなことはなくなるものと思料されます。

中堅・中小企業の税金は、こう変わる（法人）

法　人　税　は　こ　う　な　る

❶ 特定の資産の買換え特例の見直し

【増税】

■改正の目的

土地の有効活用による投資促進と不動産市場の活性化を目的としています。

（1）改正の内容

①　適用範囲の縮減・繰延割合の変更及び適用期限の延長

特定の資産の買換えの場合の課税の特例について、次表に掲げる見直しを行った上、適用期限が2026（令和8）年3月31日（所得税は、令和8年12月31日）まで3年間延長されました。

■ 適用要件の見直し

項　目	改正内容
既成市街地等の内から外への買換え 《旧1号買換え ⇒ 適用除外》	適用対象から除外
航空機騒音障害区域の内から外への買換え 《旧2号買換え ⇒ 新1号買換え》	一定の区域内にある特定の資産が譲渡資産である場合、 適用資産から除外
長期（10年超）所有の土地、建物等から国内の土地、建物等への買換え 《旧4号買換え⇒新3号買換え》	・東京都の特別区の地域再生法の集中地域以外への本店等の所在地の移転を伴う買換えの課税の繰延べ割合を80%➡90%に引上げ ・同法の集中地域以外への地域から東京都の特別区の区域への本店等の所在地の移転を伴う買換えの課税の繰延べ割合を70%➡60%に引下げ
一定の船舶から環境の負荷の低減に資する一定の日本船舶への買換え 《旧5号買換え⇒新4号買換え》	・**外航船舶** 　譲渡資産：船齢要件の25年未満➡20年未満に引下げ 　買換資産：環境への負荷の低減に係る要件等を見直し ・**内航船舶** 　譲渡資産：船齢要件の25年未満➡23年未満に引下げ 　買換資産：環境への負荷の低減に係る要件を見直し ・**港湾の作業船** 　譲渡資産：船齢要件の35年未満➡30年未満に引下げた上、譲渡資産から、2011（平成23）年1月1日以後に建造された建設業その他一定の事業の用に供される船舶を除外 ・**譲渡資産及び買換資産が同一の用途である場合に限定**

② 先行取得資産の届出書の記載事項及び届出期間の見直し

　先行取得の場合、特定の資産の譲渡に伴い特別勘定を設けた場合の課税の特例及び特定の資産を交換した場合の課税の特例を除き、次表に掲げる要件を記載した届出書を指定期間内に納税地の所轄税務署長宛に提出を要することとされました。

項　目	記載内容	提出時期
届出書の提出	・本特例の適用を受ける旨 ・適用を受ける措置の別 ・取得予定資産又は譲渡予定資産の種類等	譲渡資産を譲渡した日又は買換資産を取得した日のいずれか早い日の属する３月期間（その事業年度をその開始の日以後３月ごとに区分した各期間をいいます。）の末日の翌日以後２月以内に提出

（2）実施時期

　上記（1）の①の改正は、2023年４月１日以後の譲渡について適用され、同②の届出書の提出は、2024年４月１日以後に譲渡資産を譲渡して、同日以後に買換資産を取得する場合に適用されます。

（3）実務家の注意すべき点

　今後、この特例の適用を受ける場合には、納税地の所轄税務署長に一定の事項を記載した届出書の提出が必要となります。

❷ 株式交付税制の適用法人の範囲の見直し

【厳格化】

■改正の目的

　株式を対価とするM＆Aを促進するための措置として、2021年度税制改正によって創設された株式交付税制ですが、企業オーナーが所有する会社の株式を資産管理会社に移管するなど、私的な節税に利用されているとの指摘もあり、これを是正するとともに、制度本来の目的である事業再編を円滑に促進することを目指しています。

（1）改正の内容

① 株式交付制度の概要と税制

　株式交付制度は、2019（令和元）年12月に成立した改正会社法によって創設され、2021（令和３）年３月１日に施行された株式を対価とするM&Aの一手法です。

　株式会社《株式交付親会社＝買収会社》が、他の株式会社《株式交付子会社＝買収対象会社》をその子会社とするために、他の株式会社《株式交付子会社》の所有株式の譲渡に応じた株主に対して、その譲り受けた株式の対価として、金銭等ではなく、買収会社《株式交付親会社》の株式を交付できるという制度です。

　ただし、その交付対価の総額の20％までは、金銭等を対価の一部として用いることができます（混合対価）。

　また、この株式交付は、株式交換と類似していますが、次の２点が異なっています。

イ．株式交換は、100％買収のみを対象としますが、株式交付は、50％を超える部分買収を対象としています。

■ 株式交付（部分買収）のスキーム

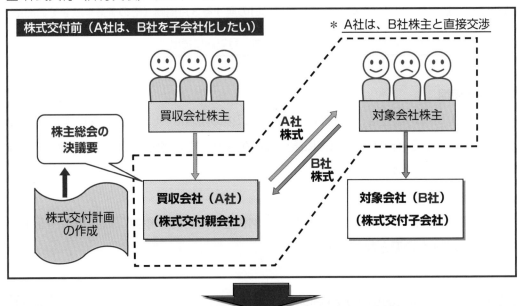

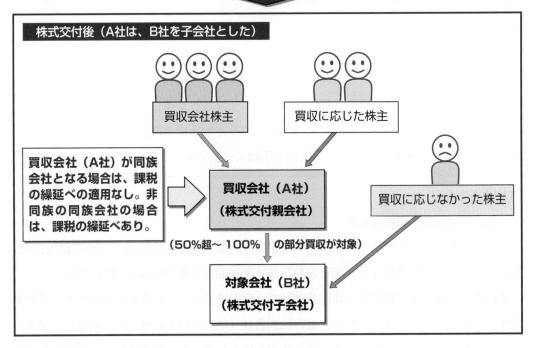

ロ．株式交換は、対象会社が再編の当事者となり、対象会社の株主総会の決議が必要ですが、株式交付は、対象会社は再編の当事者とはならず、買収会社と対象会社株主が当事者となります。

② 株式交付税制の概要

2021年3月に上記①に対応する税制として創設され株式交付税制は、対価として交付を受けた資産の価格のうち、株式交付親会社の株式の価額が80%以上であるなど、一定の条件を満たした場合には、譲渡した株式の譲渡損益の計上を将来の株式譲渡時まで繰り延べることができるという、株式の譲渡に係る所得計算の特例です。

③ 株式交付税制の適用法人の範囲の厳格化

株式交付親会社が、自社株交付後に同族会社（非同族の同族会社を除きます。）に該当する場合には、株式交付税制の適用対象から除外されることになりました。（所得税についても同様です。）

（2）実施時期

この改正は、2023年10月1日以後に行われる株式交付について適用されます。

■ 課税の繰延べが適用される対価の範囲

- 株式交付計画に基づき、**買収会社の株式を交付**し、**対象会社の株式を譲り受けた場合**に、対象会社株主の株式譲渡益課税が繰り延べられる。
- なお、交付対価のうち総額の20%以下までは金銭等を含めることが可能（混合対価）であり、当該金銭部分に対しては課税される。

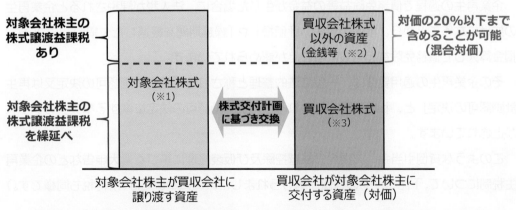

※1　会社法上は、対象会社の新株予約権、新株予約権付社債のうち新株予約権部分又は社債部分を譲り渡し資産に含めることが可能だが、本件税制措置の課税繰延べは受けられない（課税対象）。

※2　会社法上も、本件税制措置上も、金銭の他に、買収会社以外の株式・持分や社債、新株予約権又は新株予約権付社債を交付資産に含めること可能。

※3　交付する買収会社株式は普通株式、種類株式を問わない。

（経済産業省 令和3年1月「株式対価M&Aに係る税制改正について」）

（3）実務家の注意すべき点

　同族会社や非同族の同族会社の定義など、同族会社（株式交付親会社）が本制度を適用する場合、慎重な検討が必要です。

　また、金銭の交付を受けない場合は、株式交付子会社の株式に係る譲渡損益の全額が課税の繰延べができます。一方、金銭の交付を受けた場合であっても、交付を受けた金銭等（株式交付親会社の株式を除きます。）の価額が交付価額合計の20％以下であれば、対象会社の株主は、株式交付子会社の株式につき、交付を受けた金銭等に対応する譲渡損益課税になりますが、株式交付親会社の株式に対応する譲渡損益の課税繰延べは可能です。ただし、この割合が20％を超えると、交付資産の種類に関係なく、株式交付子会社の株式に係る譲渡損益課税になりますので注意が必要です。

❸ 企業再生税制の見直し

【減税】

■改正の目的

　企業再生税制について見直しを行うことによって、再生計画認可や事業再構築による貸倒引当金制度や欠損金の繰越控除制度の適用を明確化し、企業再生を税制面から支援することを目的としています。

（1）改正の内容

　企業再生の過程で債務免除益等の益金が生じた場合に、法人税が課税されると企業再生の妨げになることから、「事業用資産の評価損」や「繰越期間を経過した欠損金」について、損金算入して債務免除益と相殺することが認められています。

　その企業再生の適用要件は、一般に法的整理と称される「更生計画認可の決定又は再生計画認可の決定」と、私的整理と称される「再生計画認可の決定に準ずる事実」のいずれかとされています。

　このような貸倒引当金、欠損金の繰越控除及び仮装経理に基づく過大申告などの企業再生税制について、下記①～③の措置が講じられました。（②については、所得税も同様です。）

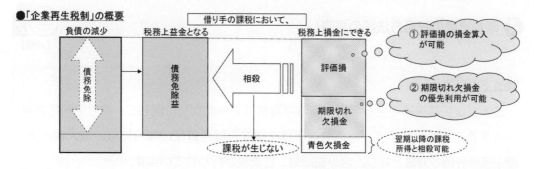

（金融庁「事業再生の一層の促進と地域の面的再生に係る取組み」）

① 「事業再構築のための計画の成立」、及び「再生計画認可の決定に準ずる事実」が生じた場合も、債務免除等があったときに繰越欠損金を損金算入できることが明確化されます。

② 「事業再構築のための計画の成立」、及び「再生計画認可の決定に準ずる事実」が生じたことを、個別貸倒引当金の繰入事由に含まれることが明確化され、その繰入限度額を5年以内に弁済される金額以外の金額とされます。

③ 仮装経理により過大納付された法人税額は、減額更正が行われても直ちに還付されず、その更正の日の属する事業年度開始の日から5年以内に開始する各事業年度の法人税額から順次控除されることになります（法人税法第135条）。この場合の還付請求の対象となる事実に「事業再構築のための計画の成立」が加えられます。

（2）実施時期

この改正は、2024年4月1日以後開始する事業年度から適用されます。（個人事業主については、2025年度以後の年分について適用されます。）

（3）実務家の注意すべき点

「事業再構築のための計画」に該当するか否か等については、事前照会を行い、国税庁から文書による回答を得ることが必要となります。

❹ 暗号資産の評価方法等の見直し

【減税】

■改正の目的

　法人が資金調達等で自ら発行する暗号資産（トークン）に関して、自社で一定数を保有することがありますが、活発な市場を有する暗号資産の場合には、法人税法上、期末時価評価の対象となり、含み益に対して課税が行われています。

　このような税制を回避するため、国内ブロックチェーン関連企業が海外に流出し、当該技術を活用した起業や事業開発を阻害する要因となっています。そこで、この流れを是正することを目的とした改正が行われています。

（1）改正の内容

① 評価方法

　法人が事業年度末に所有する暗号資産のうち一定の要件に該当する場合は、期末時価評価の対象から除外されることとなりました。（所得税についても、同様です。）

	活発な市場が存在しない暗号資産	活発な市場が存在する暗号資産	
改正前	原価評価	時価評価	
改正後	原価評価	下記要件に該当する場合＊	左記以外
		原価評価	時価評価

＊次の要件に該当する暗号資産

i　法人が自ら発行した暗号資産でその発行の時から継続して保有しているもの。
ii　その暗号資産の発行の時から継続して、次のいずれかにより譲渡制限が行われているもの。
　イ．他の者に移転することができないようにする技術的措置がとられていること。
　ロ．一定の要件を満たす信託の信託財産としていること。

② 取得価額

　自社発行した暗号資産の取得価額の算定方法ついて、次のとおり見直しが行われました。

	購入した暗号資産	自社発行した資産	購入・自社発行した資産以外の暗号資産
改正前	購入時に支払った対価の額	取得した時点の価額（時価）	取得した時点の価額（時価）
改正後	購入時に支払った対価の額	発行に要した費用の額	取得した時点の価額（時価）

③　その他

　法人（レンディング事業者等）が暗号資産交換事業者以外の者から借り入れた暗号資産の譲渡をした場合、「その譲渡をした日の属する事業年度終了の時までに、その暗号資産と種類を同じくする暗号資産の買戻しをしていないときは、その時において、その買戻しをしたものとみなして計算した損益相当額」を計上することとされました。

（2）適用時期

　上記（1）の②の改正は、2024年4月1日以後に取得をする暗号資産について適用し（同日前に取得した暗号資産のうち、一定のものについて改正後の規定が適用できる経過措置が設けられています。）、その他の改正事項については、2024年4月1日以後開始する事業年度から適用されます。

（3）実務家の注意すべき点

　他の者から購入等により取得した暗号資産（活発な市場が存在する暗号資産）の期末評価方法は、これまでどおり時価法により評価した金額をもってその時における評価額とする必要があります。

❺　外国子会社合算税制等の見直し

【減税】

■改正の目的

　経済のグローバル化・デジタル化・グリーン化への対応に、新たな国際課税ルールへの対応の「第2の柱※1」としてグローバルミニマム課税が創設されます。日本においても導入を進める背景には、法人税の引下げ競争に歯止めをかけるとともに、わが国企業の国際競争力の維持及び向上につながることを期待しています。

　外国子会社合算税制については、「第2の柱※2」の導入により対象企業に追加的な事務負担が生じること等を踏まえ、事務負担の一部を軽減することを目的としています。

※1　市場国への新たな課税権の配分（第1の柱）については、2024年前半までの多数国間条約の署名が目標とされています。
※2　年間の連結総収入が7.5億ユーロ以上の多国籍企業が作成対象。事業活動を行っている各国ごとの収入額、税引前利益額、法人税額、従業員数、資本金、利益剰余金及び有形資産の額等を、親会社又は子会社が所在する国の税務当局に報告することが求められています。

（1）改正の内容

　外国子会社合算税制等について、次表の見直しが行われました。

改正内容	改正の対象になる 外国子会社の具体例	現行	見直し後
①合算課税の対象 となる外国子会 社の絞込み	● 本邦親会社が事業の管理を行い、かつ、現地に事務所や工場等を持たない外国子会社 ● 収入の大半（※1）が配当や利子といった受動的所得で占められる外国子会社 等	**現地の租税負担割合 が30％未満の 場合に合算課税**	**現地の租税負担割合 が27％未満の 場合に限り合算課税**
②確定申告時にお ける書類の添付 義務の緩和 （※2）	● 経済活動の実体があり、かつ、現地の租税負担割合が20％未満である外国子会社のうち、課税対象となる金額がない外国子会社 等	**書類添付 必要**	**書類添付 不要** （保存のみ義務付け）

（※1）　外国子会社の総資産額に対して、配当や利子等の受動的所得の金額の割合が30％を超え、かつ、総資産額に対する
　　　　有価証券、貸付金、貸付の用に供する固定資産及び無形資産等の金額の割合が50％を超える場合
（※2）　これらのほか、申告書に添付することとされている外国子会社に関する書類の記載方法の一部の見直しを行う。

（経済産業省 令和4年12月「令和5年度（2023年度）経済産業関係 税制改正について」）

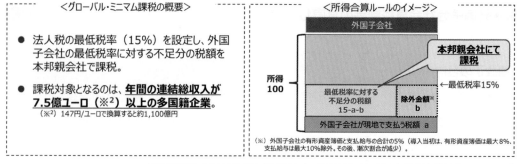

（経済産業省 令和4年12月「令和5年度（2023年度）経済産業関係 税制改正について」）

（2）実施時期

　この改正は、内国法人の2024年4月1日以後に開始する事業年度から適用されます。

（3）実務家の注意すべき点

　対象企業については、多国籍企業に関する現行の国別報告事項※2を用いてグローバル
ミニマム課税の詳細な確認作業が必要となる企業を絞り込み、事務手続きを簡素化する必
要があります。

消 費 税 は こ う な る

～2023年10月からのインボイス制度の見直し等～

❶ 適格請求書等保存方式に係る見直し

【減税】

■改正の目的

　適格請求書等保存方式（インボイス制度）が2023年10月に導入されるにあたり、インボイス発行事業者となることで課税事業者となる小規模事業者のシステム導入や事務の負担増加を軽減することや少額の取引に関する事務負担を軽減することを目的としています。

（1）改正の内容

　2023年10月から導入される適格請求書等保存方式の円滑な実施に向けて、従来の取組みに加え、円滑な制度移行を実現するために、更に次に掲げるような新たな税制上の措置が設けられました。

①　適格請求書発行事業者となる小規模事業者に係る消費税額控除に関する経過措置

＜条件＞
　2023年10月1日から2026年9月30日までの日の属する各課税期間において、免税事業者が適格請求書発行事業者になったこと（又は課税事業者選択届出書を提出したこと）により事業者免税点制度の適用を受けられないこととなる場合

＜経過措置の内容＞
　消費税の納付金額を、その課税期間における課税標準額に対する消費税額の2割とする簡易計算を選択することが可能となります。

②　一定規模以下の事業者に対する少額取引に関する経過措置

＜条件＞
　基準期間における課税売上高が1億円以下又は特定期間における課税売上高が5,000万円以下である事業者

＜経過措置の内容＞
　2023年10月1日から2029年9月30日までの間に国内で行う課税仕入れについて、当該課税仕入れに係る支払対価の額が1万円未満である場合には、一定の事項が記載された帳簿のみの保存による仕入税額控除が認められます。

③　少額の売上に係る対価の返還等についての適格返還請求書の交付義務の免除

> 2023年10月1日以降において、売上に係る対価の返還等に係る税込金額が1万円未満である場合には、適格返還請求書の交付義務が免除されます。

（2）実施時期

この改正は、2023年10月1日以後に開始する課税期間について適用されます。

（3）実務家が注意する点

①　免税事業者が適格請求書発行事業者となる場合、本則課税、簡易課税又は消費税額の2割とする簡易計算の、いずれを選択することが事務負担と税額を考えた上で、事業者にとって最適かを判断する必要があります。

②　基準期間における課税売上高（1億円以下かどうか）、特定期間における課税売上高（5,000万円以下かどうか）を、毎年度確認して少額取引に関する経過措置を適用できる事業者かどうかを判断する必要があります。

❷ IR関連事業に関する仕入税額控除の整備

【増税】

■改正の目的

カジノに係る売上げが不課税となることを前提に、カジノに係る事業に対応する課税仕入れについて、仕入税額控除を制限することを目的としています。

（1）改正の内容

特定複合観光施設区域整備法の規定により認定設置運営事業者のカジノ業務に係るものとして経理される課税仕入れ等については、仕入税額控除制度の適用を認めないこととされます。

【調整措置】

ただし、その課税期間における資産の譲渡等の対価の額の合計額にカジノ業務に係る収入の合計額を加算した金額のうちに、当該カジノ業務に係る収入の合計額の占める割合が5％を超えない場合には、当該課税仕入れ等は、仕入税額控除の対象とされます。

$$\frac{\text{カジノ業務に係る収入の合計額}}{\text{資産の譲渡等の対価の額の合計額} + \text{カジノ業務に係る収入の合計額}} \times 100 < 5$$

【その他の措置】

　認定設置運営事業者が、調整対象固定資産を取得する場合には、以下の措置が講じられました。

① **調整対象固定資産に係る課税仕入等の税額について、「カジノ業務以外の業務の用に供するもの」として仕入税額控除制度の適用を受けた場合**

　➡3年以内に「カジノ業務の用に供した」ときは、当該カジノ業務の用に供した日に応じた一定の割合を乗じた調整対象税額を、同日の属する課税期間における仕入れに係る消費税額から控除する必要があります。

② **調整対象固定資産に係る課税仕入等の税額について、「カジノ業務の用に供するもの」として仕入税額控除制度の適用を受けなかった場合**

　➡3年以内に「カジノ業務以外の業務の用に供した」ときは、当該カジノ業務以外の業務の用に供した日に応じた一定の割合を乗じた調整対象税額を、同日の属する課税期間における仕入れに係る消費税額に加算することができます。

（2）実施時期

　この改正は、2023年4月1日以後に開始する課税期間について適用されます。

（3）実務家が注意する点

　売上や調整対象固定資産の取得について、カジノ業務に係るものか、カジノ業務以外の業務（非カジノ業務）に係るものかを、随時把握して処理を行う必要があります。

納税環境は、こう変わる

納 税 環 境 は こ う な る

❶ 優良な電子帳簿の明確化

【環境整備】

> **■改正の目的**
> 　一定の国税関係帳簿に係る電磁的記録の保存等が、国税の納税義務の適正な履行に資するものとして、その利用を活性化することを目的としています。

（1）改正の内容

　一定の国税関係帳簿について優良な電子帳簿の要件を満たして、電磁的記録による備付け及び保存を行い、本措置の適用を受ける旨等を記載した届出書をあらかじめ所轄税務署に提出している保存義務者について、その国税関係帳簿（優良な電子帳簿）に記録された事項に関し申告漏れがあった場合には、その申告漏れに課される過少申告加算税が5％軽減される措置が整備された（申告漏れについて、隠蔽し、又は仮装された事実がある場合を除きます。）ことに伴い、その国税関係帳簿の範囲が下記のとおり明確化されることになりました。

①	仕訳帳
②	総勘定元帳
③	次に掲げる事項の記載に係る上記①②以外の帳簿 イ　手形上の債権債務に関する事項 ロ　売掛金その他債権に関する事項 ハ　買掛金その他債務に関する事項 ニ　有価証券に関する事項 ホ　減価償却資産に関する事項 ヘ　売上げその他収入に関する事項 ト　仕入れその他経費又は費用に関する事項

（2）実施時期

　この改正は、2024年1月1日以後に法定申告期限等が到来する国税について適用されます。

（3）実務家が注意する点

　電子帳簿保存については、企業のDX化に伴い、今後、加速度的に普及されることになります。税務上のメリットを活かせる対応が必要です。

❷ スキャナ保存制度の見直し

【整備】

> ■改正の目的
>
> 一定の国税関係帳簿に係る電磁的記録の保存等が、国税の納税義務の適正な履行に資するものとして、その利用を活性化することを目的としています。

（1）改正の内容

 国税関係書類に係るスキャナ保存制度について、下記の見直しが行われました。

要件	改正前	改正後
一定水準以上の解像度及びカラー画像による読取り	（1）解像度が200dpi相当以上であること （2）赤色、緑色及び青色の階調がそれぞれ256階調以上であること	廃止
入力者等情報の確認	国税関係書類に係る記録事項の入力を行う者又はその者を直接監督する者に関する情報を確認できるようにしておくこと	廃止
帳簿との相互関連性の確保	国税関係書類に係る電磁的記録の記録事項と当該国税関係書類に関連する国税関係帳簿の記録事項との間において、相互にその関連性を確認できるようにしておくこと	対象書類を契約書・領収書等の重要書類に限定

（2）実施時期

 この改正は、2024年1月1日以後に保存が行われる国税関係書類について適用されます。

（3）実務家が注意する点

 スキャナ保存については、企業のDX化に伴い、今後加速度的に普及されることになります。ただし、紙媒体書類保存によるメリットは、高いので、これに対応していくべきです。

❸ 電子取引の取引情報に係る保存制度の見直し

【整備】

■改正の目的

　一定の国税関係帳簿に係る電磁的記録の保存等が、国税の納税義務の適正な履行に資するものとして、その利用を活性化することを目的としています。

（1）改正の内容

　電子取引の取引情報に係る電磁的記録の保存制度について、下記の見直しが行われました。

①　電子取引の取引情報に係る電磁的記録の保存要件の見直し

要件	改正前	改正後
一定の保存義務者について検索要件の全てを不要とする措置	判定期間における売上高が1,000万円以下である保存義務者	判定期間における売上高が5,000万円以下である保存義務者
		電磁的記録の出力画面の提示又は提出の求めに応じることができるようにしている保存義務者
電磁的記録の保存を行う者等に関する情報の確認要件	必要	不要

②　猶予措置

　電子取引の取引情報に係る電磁的記録を保存要件に従って保存することができなかったことについて、下記の全てを条件として猶予措置が設けられます。

① 納税地等の所轄税務署長が相当の理由があると認める場合
② 質問検査権に基づく電磁的記録のダウンロードの求め及び電磁的記録の出力画面の提示又は提出の求めに応じることができるようにしている場合

（2）実施時期

　この改正は、2024年1月1日以後に行う電子取引の取引情報に係る電磁的記録について適用されます。

（3）実務家が注意する点

　電子取引の取引情報に係る電磁的記録の保存への円滑な移行のための宥恕措置は、適用期限の到来をもって廃止されますので適正な対応が必要になります。

2023年度 税制改正適用時期早見表
（令和5）

社長・サラリーマンの税金

なに税?	いつから	何が?	どうなる 内容	影響
所得税	2023.01.01	日本国外に居住する親族に係る扶養控除の見直し	非居住者である親族に係る扶養控除の対象となる親族から30歳以上70歳未満の親族が除外されることとなりました。 ただし、一定の要件に該当する場合は、扶養控除の適用対象とすることができます。	【増税】
	2023.01.01	隠蔽仮想行為に基づいた確定申告書の提出等があった場合の必要経費の制限	隠蔽仮想行為に基づいた確定申告書の提出等があった場合の必要経費について、保存帳簿や反面調査によって必要経費として明らかであると認められる場合を除いて必要経費としないことが明文化されます。	【増税】
	2023.01.01	一定の内国法人が支払いを受ける配当等の源泉徴収の見直し	内国法人が3分の1超保有する他の内国法人からの配当について源泉徴収が不要となります。	【簡素化】
	2024.01.01	非課税口座内の少額上場株式等に係る配当所得及び譲渡所得等の非課税措置（NISA）の見直し	①従来のNISA廃止。新たにつみたて投資枠（年間投資枠120万円）と成長投資枠（年間投資枠240万円）が設けられ併用可能になります。 ②非課税保有限度額が1,800万円（うち成長投資枠1,200万円）に増額	【減税】
	2023.04.01	特定中小会社が設立の際に発行した株式の取得に要した金額の控除等の特例の創設	スタートアップ企業の「特定株式」を払込みにより取得をした場合に、株式等の譲渡所得等の金額からその特定株式の取得に要した金額を控除する特例が新設されました。	【減税】
	2023.04.01	エンジェル税制の見直し	①20億円を上限に特定株式を譲渡したときの取得費に他の株式譲渡所得から控除した金額を加算することができるようになります。 ②寄附金控除について要件が緩和されることになります。	【減税】
	2024.04.01	ストックオプション税制の権利行使期間の延長	ストックオプション税制について、権利行使の期間が付与決議の日後2年を経過した日から15年を経過する日までの間に伸びることになります。	【課税繰延】
	2025.01.01	極めて高い水準の所得に対する課税の上乗せ	その年分の基準所得金額から3億3,000万円を控除した金額に22.5%の税率を乗じた金額がその年分の基準所得税額を超える場合には、その超える金額に相当する所得税が課税されます。	【増税】
	2024.01.01	空き家の3,000万円控除の要件緩和	①売り手が現状有姿のまま譲渡したとしても、その家屋がその譲渡の時から翌年2月15日までの間に次のイ又はロに該当することとなったときは、本特例を適用することができることになりました。 　イ　耐震基準に適合することとなった場合 　ロ　その全部の取壊し若しくは除却がされ、又はその全部が滅失をした場合 ②相続又は遺贈による被相続人居住用家屋及び被相続人居住用家屋の敷地等の取得をした相続人の数が3人以上である場合における特別控除額が2,000万円とされます。（改正前は3,000万円）	【減税】

資 産 家 の 税 金

なに税？	いつから	何が？	どうなる		影響
			内容		
相続税・贈与税	2024.01.01	相続時精算課税制度の見直し	①相続時精算課税制度を選択適用した場合、その年分の贈与税については、現行の基礎控除とは別途、課税価格から基礎控除110万円を控除できることになります。 ②相続時精算課税制度の適用を受けて贈与により取得した一定の土地又は建物が、災害によって一定の被害を受けた場合、贈与時の価額から災害によって被害を受けた金額を控除することになります。		【減税】
	2024.01.01	相続開始前贈与の相続税価格への加算期間等の見直し	①相続前に受けた贈与につき、相続財産に加算される対象期間が3年から7年になります。 ②延長した4年間に受けた贈与について、全期間を合計して100万円までは相続財産に加算されない措置がとられることになります。		【増税】
	2023.04.01	教育資金の一括贈与の非課税措置の見直し	①贈与者が死亡した時点において贈与資金の残額がある場合に、相続税の課税価格が5億円を超えるときは、その残額が相続税の課税対象となります。 ②受贈者が30歳に達したときに贈与資金の残額がある場合の贈与税について、年齢に関係なく一般税率が適用されることになります。		【増税】
	2023.04.01	結婚・子育て資金の一括贈与の非課税措置の見直し	受贈者が50歳に達したときに贈与資金の残額がある場合、残額への贈与税について一般税率が適用されることになります。		【増税】
	2023.04.01	一部の相続人から更正の請求があった場合の他の相続人に係る除斥期間の見直し	除斥期間満了前6月以内に相続人から相続税の更正の請求がされた場合において、その請求に係る更正に伴い他の相続人に係る課税価格や税額に異動を生ずるときは、その他の相続人の相続税に係る更正決定又はその更正決定等に伴う加算税の賦課決定についても、その請求があった日から6月を経過する日まで延長されることになります。		【減税】

中 小 企 業 の 税 金

なに税?	いつから	何が？	どうなる		影響
			内容		
法人税	2023.01.01	隠蔽仮想行為に基づいた確定申告書の提出等があった場合の損金算入の制限	隠蔽仮想行為に基づいた確定申告書の提出等があった場合の損金算入について、保存帳簿や反面調査によって原価等として明らかであると認められる場合を除いて損金算入しないことが明文化されました。		😞↗【増税】
	2023.04.01	買換特例の見直し	特定の資産の買換えの場合等の課税の特例について、一定の見直しを行った上で、適用期限が3年延長されました。		😞↗【増税】
	2023.10.01	株式交付税制の要件見直し	株式等を対価とする株式の譲渡に係る所得の計算の特例について、株式交付後に株式交付親会社が同族会社（非同族の同族会社を除く）に該当する場合、対象から除外されることになりました。		😞↗【増税】
	2024.04.01	企業再生税制の見直し	「事業再構築のための計画の成立」、及び「再生計画認可の決定に準ずる事実」が生じた場合を、繰越欠損金を損金算入や個別貸倒引当金の繰入事由に含まれることが明確化されました。		😄♥↗【減税】
	2024.04.01	暗号資産の評価方法等の見直し	法人が事業年度末に所有する暗号資産のうち一定の要件に該当する場合は、期末時価評価の対象から除外されることとなります。		😄♥↗【減税】
	2024.04.01	外国子会社合算税制等の見直し	合算対象となる租税負担割合の基準が引き下げられ、申告時の書類添付が不要となります。		😄♥↗【減税】
消費税	2023.04.01	IR関連事業に関する仕入税額控除の整備	カジノ業務に係るものとして経理される課税仕入れ等については、仕入税額控除ができなくなります。※収入割合が5％以下の場合を除きます。		😞↗【増税】
	2023.10.01	適格請求書等保存方式に係る見直し	①免税事業者がインボイス事業者になるときの消費税額を2割の納付とする3年間の経過措置ができます。②一定の小規模事業者は1万円未満の支払いについてインボイス不要の経過措置ができます。③税込み1万円未満の売上対価の返還等についてはインボイス交付義務が免除されます。		😄♥↗【減税】

納 税 環 境 の 整 備 と 税 金

なに税?	いつから	何が？	どうなる／内容		影響
納税環境	2023.01.01	財産債務調書制度等の見直し	財産債務調書の提出義務者に財産額10億円以上である居住者が加えられるほか提出期限の見直し等が行われます。		【増税】
	2023.04.01	税理士制度の見直し	①税理士業務の電子化等の推進 ②税理士事務所の妥当性の判定基準の見直し ③税務代理の範囲の明確化 ④税理士会の総会等の招集通知及び議決権の行使の委任に電子化 ⑤税理士名簿等の作成方法の明確化 ⑥税理士試験の受験資格要件の緩和 ⑦税理士法人制度の見直し ⑧懲戒処分を受けるべきであったことについての決定制度の創設等 ⑨懲戒処分等の除斥期間の創設 ⑩税理士法に違反する行為又は事実に関する調査の見直し ⑪税理士が申告書に添付することができる計算事項、審査事項等を記載した書面に関する様式の整備 ⑫税理士試験受験願書等に関する様式の整備		【整備】
	2024.01.01	帳簿の提出がない場合等の過少申告加算税等の加重措置の整備	納税者が一定の帳簿書類の提示をしなかった場合や帳簿の記載が不十分な場合に過少申告加算税及び無申告加算税について通常の加算税の額に申告漏れ等の税額の10％相当が加算されることになります。		【増税】
	2024.01.01	優良な電子帳簿の明確化	過少申告加算税が5％軽減される優良な電子帳簿について、その国税関係帳簿の範囲が明確化されることになります。		【整備】
	2024.01.01	スキャナ保存制度の見直し	スキャナ保存制度について、「一定水準以上の解像度及びカラー画像による読取り」「入力者等情報の確認」の要件が廃止され、「帳簿との相互関連性の確保」の要件が契約書・領収書等の重要書類に限定されることになります。		【整備】
	2024.01.01	電子取引の取引情報に係る保存制度の見直し	「判定期間売上高が5,000万円以下である保存義務者」や「電磁的記録の画面提示又は提出の求めに応じることができる保存義務者」は電子取引の保存要件が緩和されます。		【整備】

◆この冊子は、以下の資料等により作成しています。◆

＊ 「令和5年度税制改正大綱」・税制調査会及び各省庁の税制改正要望資料など。

＊ 「所得税法等の一部を改正する法律」（令和5年3月31日成立。令和5年3月31日公布。令和5年法律第3号）　施行日は、原則令和5年4月1日。

＊ 「地方税法等の一部を改正する法律」（令和5年3月31日成立。令和5年3月31日公布。令和5年法律第1号）　施行日は、原則令和5年4月1日。